Collection Rouma

Lise Bourbeau
Fondatrice du centre
Écoute Ton Corps

La Collection Rouma
invite les enfants aux plaisirs d'une lecture enrichissante.

En effet, les histoires de cette collection vont au-delà du simple divertissement : elles offrent à l'enfant la possibilité de découvrir sa force intérieure. Elle porte ici le nom de Rouma, du mot amour, comme il est suggéré dans « Écoute ton corps, ton plus grand ami sur la terre ». Chaque livre contient un message inspiré de la philosophie enseignée par Écoute Ton Corps.

Puisse cette collection permettre à l'enfant de devenir très tôt conscient du grand pouvoir qu'il a de créer sa vie.

Avec amour,

Lise Bourbeau

Dépôt légal : quatrième trimestre 1993
Bibliothèque Nationale du Québec
Bibliohèque Nationale du Canada

ISBN : 2-920932-12-8
Première édition

Publié par les Éditions E.T.C. inc.
1455, chemin Sainte-Marguerite
Sainte-Marguerite Station (Québec)
Canada J0T 2K0

Janie la petite

Texte et illustrations
ANNE COUTURE

Remerciements à Francine Birtz,
orthopédagogue et enseignante
en littérature enfantine

à David

Bonjour ! Mon nom est Janie. Grâce à mon copain Hugo, je connais maintenant Rouma*. Cela m'a aidé à...

Non. Je ne vais pas te le dire tout de suite. Je t'invite plutôt à partager mon expérience dans ce livre.

À plus tard !

* *Pour une meilleure compréhension de ce livre, il est important de lire d'abord le volume 1.*

Janie apporte son jeu de dominos en chantant. C'est comme une petite fête car ses parents vont jouer avec elle.

Pendant que tout le monde prépare les pièces, on sonne. Janie court répondre. Elle saute de joie en apercevant son cousin Martin. Elle ne l'a pas vu depuis si longtemps.

Martin semble plutôt sérieux ce matin.

- Je suis venu emprunter votre petit escabeau pour maman, dit-il simplement

- Veux-tu jouer une partie de dominos avec nous ? demande Janie avec enthousiasme.

- C'est un jeu de bébé ça !

- Un jeu de bébé ? répète Janie, tout étonnée de cette réponse.

Après le départ de Martin, Janie ne se sent pas bien. Elle décide d'aller s'étendre sur son lit.

Sa mère arrive et l'aperçoit allongée.

- Janie, nous t'attendons pour commencer la partie de dominos !

- C'est que..., marmonne Janie, ça ne m'intéresse plus.

- Quelque chose ne va pas ma belle ?

- J'ai le goût qu'on me laisse tranquille.

- Veux-tu que je revienne un peu plus tard ? demande doucement sa mère.

Janie fait signe que oui. Sa maman voit bien qu'elle a de la peine. Elle lui caresse les cheveux et dit :

- À tout à l'heure !

Lorsqu'elle se retrouve seule, Janie commence à pleurer. Elle aurait voulu parler à sa mère mais elle ne trouvait pas les mots.

- Je ne sais même pas pourquoi je suis triste, se dit-elle. Comment faire pour me consoler ?

(Parents et éducateurs, voir note page 26)
Discuter des questions suivantes avec l'enfant :
- *As-tu déjà vécu un tel sentiment ?* • *À quelle occasion ?*
- *Sais-tu pourquoi Janie est malheureuse ?*

Janie cherche à comprendre ce qu'elle ressent. Elle se souvient que son ami Hugo lui a parlé de Rouma.

Il dit que Rouma peut aider les ...

Faire anticiper la réponse : • Aider qui ? • Aider comment ?

Janie décide de téléphoner tout de suite à Hugo. Elle veut en savoir plus long.

- Bonjour Hugo, c'est Janie.

- Ah ! Bonjour Janie.

- As-tu le temps de me parler de Rouma ?

- Qu'est-ce que tu veux savoir ? demande Hugo.

- Comment fait-on pour demander de l'aide à Rouma quand on est triste ?

- C'est très simple, Janie. Tu t'assois dans un endroit tranquille. Tu fermes les yeux, si tu préfères et tu penses à Rouma.

- C'est difficile de penser à lui, dit Janie, je ne le connais pas.

- Tu fais juste sentir la présence d'un ami à l'intérieur de toi. Même si tu ne le vois pas, tu sais qu'il t'écoute... comme au téléphone !

- Et là je lui parle de ma peine ? demande Janie.

-Oui, dit Hugo. Et tu lui demandes de t'aider à comprendre ou à trouver une solution.

- Est-ce que je vais entendre des voix mystérieuses ? s'informe Janie.

- Non, ne t'inquiète pas. Ça fait juste comme si tu venais de comprendre ou d'avoir une idée. C'est tout.

Janie s'assoit sur son lit. Elle ferme les yeux et commence à parler à son grand ami.

- Rouma, aide-moi à trouver pourquoi je suis malheureuse.

En disant cela, elle revoit la visite de Martin. Ce souvenir n'est pas du tout agréable. Elle décide d'y penser quand même. Elle sent que sa peine a commencé à ce moment-là. Mais elle se demande pourquoi exactement.

«C'est un jeu de bébé», a répondu son cousin. D'habitude elle ne pleure pas quand on lui dit cela. Cependant avec Martin c'est différent. Ils jouaient si bien ensemble avant. Et même aux dominos ! Maintenant il ne s'intéresse plus à elle.

- J'ai de la peine parce que j'ai l'impression... que Martin ne m'aime plus ! réalise Janie. Peut-être que je suis trop bébé et lui plus intelligent que moi.

Janie a trouvé pourquoi elle est triste. Elle continue de parler avec Rouma.

- Que puis-je faire maintenant pour me sentir mieux ?

Questions à l'enfant : • Pourquoi Janie est-elle triste ?
• Comment Rouma l'a-t-il aidée ? • Quelle solution proposes-tu ?

Que faire pour ne plus être triste ? C'est une bien grande question pour une petite fille.

Janie croit qu'elle serait maintenant capable d'en discuter avec sa mère. En même temps, ça lui dit d'en parler plutôt avec son père.

- Tu as peut-être raison Rouma, dit Janie. Je crois qu'il connaît bien Martin.

Aussitôt, elle va retrouver son père au salon.

- Papa, je peux te parler une minute ?

- Certainement, ma chouette.

Janie se sent un peu embarrassée, mais elle décide de lui parler quand même.

- Crois-tu que les grands sont plus intelligents que les petits ?

- Non, pas du tout. Peut-être qu'ils connaissent plus de choses, mais ça ne veut pas dire qu'ils sont plus intelligents.

Rassurée, Janie raconte l'incident avec Martin. Son père écoute attentivement et comprend Janie. Il imagine combien elle a dû être blessée.

Il lui explique alors que ces choses arrivent parfois quand on a très hâte de grandir.

- Dans ces moments-là, précise-il, on aime dire aux plus jeunes qu'ils sont bébés. Cela donne l'impression d'être encore plus grand.

- Est-ce que c'était comme ça quand tu étais petit ? questionne Janie.

- Bien sûr. Ma grande soeur riait souvent de mes émissions de télévision préférées. Elle disait que c'était juste bon pour les bébés !

- Est-ce que ça te faisait de la peine ?

- Oui, ça me dérangeait beaucoup, répond son père. Jusqu'au jour où mon petit frère m'a donné une leçon...

Question à l'enfant :
- *Qu'est-ce que tu imagines comme leçon ?*

Explique-moi la leçon de ton petit frère, papa, dit Janie.

- Eh bien, quand je refusais de jouer à ses jeux, je lui disais que c'était trop bébé. Mais lui, ça ne le dérangeait pas. Il décidait, tout simplement, de s'organiser sans moi.

- Il n'était pas triste ? demande Janie.

- Pas vraiment. Je crois qu'il sentait que je l'aimais quand même. C'est juste que je ne m'intéressais pas souvent aux mêmes choses que lui à cause de la différence d'âge.

- Je comprends ! dit Janie en écarquillant les yeux.

Questions à l'enfant :

- *Que vient de comprendre Janie ?*
- *Que va faire Janie ?*

(Ne pas suggérer de réponse à cette dernière question)

Dans l'après-midi, les parents de Janie acceptent de reprendre la partie de dominos.

Martin rapporte l'escabeau. En voyant la famille de Janie autour du jeu, il s'exclame :

- Vous jouez encore à ce jeu de bébé !

Le coeur de Janie bat un peu plus fort que d'habitude. Mais elle ne se sent ni triste, ni bébé. Elle regarde Martin et lui dit :

- Tu as le droit de ne pas t'intéresser aux dominos mon vieux. Nous on aime bien ça !

Janie est un peu surprise d'elle-même. Martin aussi.

- Dis-donc la petite, tu te débrouilles ! réplique-t-il.

Questions à l'enfant :

- *Pourquoi le coeur de Janie bat-il plus fort ?*
- *Toi, que répondrais-tu à Martin ?*
- *Pourquoi Janie est-elle surprise ?*
- *As-tu l'impression que Janie se sent mieux ?*

Ce soir-là, dans son lit, Janie est contente.

Elle remercie Rouma de l'avoir guidée.

Question à l'enfant : • Pourquoi Janie est-elle contente ?

Rebonjour ! Comme tu l'as vu, Rouma m'a beaucoup aidée. Grâce à lui, j'ai compris pourquoi je me sentais si triste. Aussi j'ai eu l'intuition d'en parler à mon père.

Maintenant j'accepte mieux que Martin n'ait pas le goût de jouer avec moi. Même si je trouve ça dommage. Et je n'ai plus peur qu'il me trouve bébé.

On peut garder des peines très longtemps quand on ne sait pas quoi faire avec. Tu peux demander de l'aide à Rouma si cela t'arrive ! Te souviens-tu comment lui parler ?

Répéter les étapes avec eux (voir page 9).
Laisser parler l'enfant d'abord.

Ces deux pages sont pour toi. Tu peux les utiliser pour dessiner et écrire une petite histoire où tu reçois l'aide de Rouma.

Chers parents, chers éducateurs,

L'heure de la lecture est un moment privilégié pour les enfants. Ils adorent les histoires, les images et les couleurs.

Vous lisez pour un petit ? Rendez le récit encore plus captivant : jouez avec les intonations ! Cela permettra à l'enfant de percevoir plus facilement les états d'âme des personnages.

Dans chaque histoire, un enfant apprend à utiliser ses ressources intérieures. Comme le sujet est vaste, il ne peut être approfondi en un seul volume.

Les histoires sont divisées en quatre chapitres ; afin de garder la concentration des plus jeunes, il est suggéré de n'en lire qu'un seul par jour. Le signe « ✤ » indique la fin d'un chapitre. Quelques questions viennent aider l'enfant à comprendre le problème et l'habituer à réfléchir à des solutions. Cependant, n'insistez pas pour obtenir une réponse.

La collection Rouma vous donne une excellente occasion d'avoir, avec l'enfant, une communication de qualité.

Petits et grands, bonne lecture !